# BEI GRIN MACHT SICH IHR
# WISSEN BEZAHLT

Sonja Loidl

# Märchen-Motive in "Harry Potter"

GRIN Verlag

**Bibliografische Information der Deutschen Nationalbibliothek:**

Die Deutsche Bibliothek verzeichnet diese Publikation in der Deutschen National-bibliografie; detaillierte bibliografische Daten sind im Internet über http://dnb.d-nb.de/ abrufbar.

**Impressum:**

Copyright © 2006 GRIN Verlag GmbH
Druck und Bindung: Books on Demand GmbH, Norderstedt Germany
ISBN: 978-3-638-67259-7

**Dieses Buch bei GRIN:**

http://www.grin.com/de/e-book/68130/maerchen-motive-in-harry-potter

**GRIN - Your knowledge has value**

Der GRIN Verlag publiziert seit 1998 wissenschaftliche Arbeiten von Studenten, Hochschullehrern und anderen Akademikern als eBook und gedrucktes Buch. Die Verlagswebsite www.grin.com ist die ideale Plattform zur Veröffentlichung von Hausarbeiten, Abschlussarbeiten, wissenschaftlichen Aufsätzen, Dissertationen und Fachbüchern.

**Besuchen Sie uns im Internet:**

http://www.grin.com/

http://www.facebook.com/grincom

http://www.twitter.com/grin_com

# Märchen-Motive in ‚Harry Potter'

von

Sonja Loidl

im

SE Ältere dt. Lit.: Zur Interpretation der Kinder-, und Hausmärchen der Brüder Grimm
(SS 2006)

am

Institut für Germanistik
Universität Wien

(Referat gehalten am 21.06.2006)

# Inhaltsverzeichnis

# 1. Allgemeine Bemerkungen

In dieser Arbeit behandle ich die Frage, ob beziehungsweise inwieweit die Harry-Potter-Reihe in die kinderliterarische Gattung „Märchen" eingeordnet werden kann. Zu diesem Zweck werde ich Rowlings Serie mit Definitionen der Gattung von Lüthi vergleichen. Außerdem werde ich nachweisen, dass die Autorin zahlreiche Märchen-Motive in ihr Werk – mitunter in adaptierter Form – integriert. Einen auch nur annähernd vollständigen Motiv-Index der Harry-Potter-Romane zu erstellen würde den Rahmen dieser Arbeit allerdings überschreiten. Ich beschränke mich daher auf neun Motive, denen ich drei hinzufüge, die meiner Ansicht nach Kreationen der Autorin sind.

Ich ziehe für Zitate und „Potter-Begriffe" die Orginalversionen der Bücher heran, da ich aus Gründen, die an dieser Stelle nicht erläutert werden sollen, an der Qualität der deutschen Übersetzung zweifele. Gelegentlich werde ich aber deutsche Begriffe – sollten sie stark vom Original abweichen – in Klammer dazusetzen.

Die Bezeichnung „Romane" für die Harry-Potter-Bücher wird im Rahmen dieser Arbeit im Sinn einer langen, fiktiven Erzählung in Prosa verwendet.

Auch ein paar allgemeine Bemerkungen zum Phänomen, das das Werk darstellt, können natürlich nicht ausgespart bleiben.

# 2. Bemerkungen zum Begriff „Motiv"

Max Lüthi bezeichnet ein Märchen-Motiv als das kleinste Element einer märchenhaften Erzählung, das sich im Laufe der Überlieferung erhalten hat.[1]
Im Allgemeinen ist mit dem literaturwissenschaftlichen Begriff Motiv „ein stoffl.-themat., situationsgebundenes Element, dessen inhaltl. Grundform schematisiert beschrieben werden kann […]"[2] gemeint.
Weitere mögliche Untergliederung wie etwa in Typusmotiv, Situationsmotiv, Leitmotiv, Kernmotiv u.a. ist für diese Arbeit nicht von Belang.

---

[1] Max Lüthi: Das europäische Volksmärchen. Form und Wesen. 4. erw. Aufl.. - München: Francke 1974. S. 18.
[2] Metzler Literatur Lexikon. Begriffe und Definitionen. Günther und Irmgard Schweikle [Hrsg.]. 2. überarbeitete Aufl.. – Stuttgart: J. B. Metzlersche Verlagsbuchhandlung 1990. S. 312.

## 3. Bemerkungen zu „Harry Potter"

### 3.1. Das Phänomen[3]

„Harry Potter" ist eindeutig der Kinder- und Jugendliteratur zugeschrieben. Allerdings lässt sich anhand dieses Beispiels die Tatsache, dass Kinder und Jugendliche auch lesen, was ursprünglich eigentlich nicht für sie bestimmt war, umdrehen: Erwachsene (und derer nicht wenige) stürzen sich genauso wie Kinder, wenn nicht noch mehr, auf Rowlings Bücher.

Ein interessanter Punkt im Zusammenhang mit den Harry-Potter-Büchern ist, dass sie nicht nur altersunabhängig rezipiert werden, sondern auch kulturunabhängig. Sie wurden bereits in 47 Sprachen übersetzt.

Was macht das Werk so anziehend? Eines der stilistischen Merkmale von Rowling ist ihr Eklektizismus: Sie verbindet Elemente aus bestimmten Mythen (z.b. Fluffy, der Zerberus nachempfunden wurde, oder Namen wie Arthur und Minerva), Elemente aus anderen Sprachen oder Sprachhistorisches (z.b. Dumbledore, Grindelwald oder Fleur Delacour), Elemente unzähliger literarischer Texte (z.b. stammt der Name Hermione [laut Angabe der Autorin[4]] aus Shakespeares „Ein Wintermärchen"), Elemente aus Wissenschaften (z.b.: Astronomie: Sirius, der Hundestern, ist Namengeber für einen Zauberer, der sich in einen Hund verwandeln kann), und auch märchenhafte Elemente, wie diese Arbeit ausführlich demonstriert.

Dieses Merkmal bewirkt u. a. die Doppelcodierung der Romane: Erwachsene fühlen sich auf anderer Ebene abgesprochen und erkennen Zusammenhänge und Verweise, die Kindern verborgen bleiben. Das, und der über weite Strecken parodistische Stil, sind mit großer Wahrscheinlichkeit wesentliche Gründe für die weit verbreitete „Pottermania".

Einige der Gründe, die Kaspar Spinner für die Faszination an der Harry-Potter-Reihe angibt, treffen durchaus auch auf die Märchen-Rezeption zu:

Ein Element der Handlung sind Minderwertigkeitsgefühle, ein anderes Grandiositäts-Phantasien. Identifikation mit dem Helden fällt bei solchen Empfindungen nicht schwer. Sie liegen auch vielen Märchen zugrunde. Der Typus des Antihelden, des Jüngsten oder

---

[3] Angelika Mühlbauer: Generic hybridity in the Harry Potter novels. - Wien, Univ., Dipl.-Arb. 2004. S. 70ff, 86ff, 91ff, 101ff.
Gottfried Wurst: Harry Potter. Eine heilsame Aufregung. – In: Heidi Lexe [Hrsg.]: "Alohomora!". Ergebnisse des ersten Wiener Harry-Potter-Symposions. - Wien: Ed. Praesens 2002. S. 98ff.
Kaspar H. Spinner [Hrsg.]: Im Bann des Zauberlehrlings? Zur Faszination von Harry Potter. - Regensburg: Pustet 2001. S. 11ff.
Suman Gupta: Re-reading Harry Potter. - Basingstoke: Palgrave Macmillan 2003. S. 17.
[4] http://www.quick-quote-quill.org/articles/1999/1099-pressclubtransc.html. [25.6. 2006, 19.00h].

Dümmsten, der am Ende den Sieg davonträgt und die Belohnung einstreicht, schlägt in diese Kerbe.

Angstlust spielt im Märchen – zumindest für jüngere Rezipienten mit Sicherheit - eine große Rolle. Auch „Harry Potter" bietet genug Grundlage für diese Empfindung, da Harry seine gefährlichen Abenteuer (bis dato) immer überlebt hat.

Auch der Sieg über das böse und den Tod sowie die Verknüpfung von realer und phantastischer Welt sind Aspekte, die das Märchen und Rowlings Serie miteinander teilen und eine psychologisch erklärbare Faszination auf Leser ausüben.

### 3.2. Gattungszuordnung[5]

Rowlings Serie vereint nicht nur Elemente unterschiedlicher Disziplinen und literarischer Gattungen. Sie ist auch selbst verschiedenen Gattung zuordenbar:

Zuallererst und auch am offensichtlichsten, sind die Harry-Potter-Bücher der phantastischen Literatur zuzuordnen: Die Koexistenz zweier Welten, wobei eine davon von Magie bestimmt ist, ist ein dominanter Faktor in diesem Werk.

Der Handlungszeitraum umfasst sieben Jahre der Ausbildung (oder vielleicht auch nur sechs, da der Protagonist am Ende von „Harry Potter and the Half-Blood Prince" behauptet, dass er nicht mehr in die Schule zurückzukehren gedenkt[6]) und physischen wie psychischen Entwicklung des Protagonisten. Somit lässt sich Rowlings Werk durchaus als Entwicklungsroman bezeichnen. Vielleicht auch als Adoleszenzroman, denn eine Integration in die Gesellschaft hat bisher nicht stattgefunden. Ob Harry so lange leben wird, um am Ende möglicherweise doch eine Chance dazu oder auch nur den Wunsch danach zu haben, wird sich weisen.

Weiters lassen sich die Bücher in die Gruppe des Detektivromans beziehungsweise Kriminalromans einordnen. Denn in jedem Buch gibt es ein oder mehrere Rätsel zu lösen und Geheimnisse aufzudecken. Wobei Harry und seine Freunde recherchieren (Bibliothek und „Zeugenbefragung") und durchaus detektivähnlich vorgehen. Auch der Leser kann, wenn er sich darauf einlässt, dabei mitarbeiten. Es gibt jeweils reichlich Hinweise, die erst am Ende zur Lösung zusammengesetzt werden. Der aufmerksame (und nach mittlerweile sechs Bänden

---

[5] Angelika Mühlbauer: Generic hybridity in the Harry Potter novels. S. 86-112.
   Corinna Cornelius: Harry Potter - geretteter Retter im Kampf gegen dunkle Mächte?. Religionspädagogischer Blick auf religiöse Implikationen, archaisch-mythologische Motive und supranaturale Elemente. - Münster [u.a.] : Lit-Verlag 2003. S. 16-20.
[6] Joanne K. Rowling: Harry Potter and the Half-Blood Prince. – London: Bloomsbury 2005. S. 606.

geübte) Leser kann den Figuren um mehrere Schritte voraus sein, wenn auch das tatsächliche Ende nicht wirklich während des Lesens voraussagbar ist.

Jedes Buch beinhaltet auch eine „Tat" und dementsprechenden einen „Täter", der eigentlich bis dato nie mit dem Erzschurken Voldemort zusammengefallen ist, obwohl er meistens mit ihm in Zusammenhang steht. Die Auflösung des „whodunnit" findet am Höhepunkt der Erzählung statt und hat den Charakter eines Krimi-Finales: Alles wird in Hinblick auf den Täter und die Tat erklärt, sodass auch der Nicht-Detektiv-Leser das komplette Bild vor Augen geführt bekommt. So stellt sich zum Beispiel im ersten Band nicht Professor Snape, der das ganze Buch über verdächtigt wurde, sondern Professor Quirrel als Voldemorts Handlanger heraus.

Auch kann die Harry-Potter-Serie als Internatsgeschichte deklariert werden. Schließlich spielt sich der überwiegende Teil der Handlung in der Schule Hogwarts ab und ist mit allem versehen was dazugehört: Unterrichtsstunden, freundliche Lehrer, tyrannische Lehrer, Schulsport, Cliquenbildung, Klatsch und Tratsch und natürlich Prüfungen.

Zu guter Letzt stelle ich die These auf, dass sich die Harry-Potter-Bücher auch der Gattung Märchen zuordnen lässt. Damit beschäftigt sich die vorliegende Arbeit.

## 4. Die Harry-Potter-Romane als Märchen?

### 4.1. Aarnes und Thompsons Märchenkategorisierung[7]

Aarne hat aus einer dänischen Märchensammlung von Grundtvig und der der Brüder Grimm eine Märchen-Typologie entwickelt. Er unterscheidet innerhalb der Volksmärchen (eine der Oberkategorien neben „animal tales" und „jokes and anecdotes") „magic or wondertales", also Zaubermärchen von religiösen Geschichten, von romantischen Geschichten, die sich in realistischer Umgebung abspielen und von „those dealing with the stupid ogre".

Je nachdem welche Elemente dominieren wird das Märchen eingeordnet. Kann die Gewichtung nicht eindeutig festgestellt werden, stellt Aarne sie in beide Kategorien ein. Auch ist er sich der Unvollständigkeit seines Katalogs bewusst und lässt viel Raum für zusätzliche Kategorien und Unterkategorien.

Lüthi kommentiert Aarnes Konzept und meint, dass „Zauber, Wunder, Übernatürliches (alles nur ungefähre Ausdrücke) […] für das allgemeine Empfinden mit dem Begriff ‚Märchen' verbunden [sind]."[8]

---

[7] A. A. Aarne: The types of the folk-tale. - oO.: o.V. 1928. S. 12f.
Max Lüthi: Das europäische Volksmärchen. S. 14-22.
[8] Max Lüthi: Volksmärchen und Volkssage. – o.O.: o.V. 1966. S. 3.

Stith Thompson bearbeitet und erweitert Aarnes Konzept zu einem umfangreichen Motivindex, den ich für diese Arbeit hauptsächlich herangezogen habe. Thompson unterscheidet die Hauptgruppen Tiererzählung, gewöhnliche Märchen (unterteilt in Zaubermärchen, legendenartige Märchen, novellenartige Märchen und Märchen vom dummen Teufel oder Riesen) und Schwänke.

„Harry Potter" wäre aufgrund der eindeutigen Dominanz von Magie, wie unbestimmt der Begriff im Allgemeinen auch sein mag, ganz klar in die Kategorie des Zaubermärchens einzuordnen.

### 4.2. Volksmärchen oder Kunstmärchen?[9]

Die Merkmale dieses Märchentyps sind laut Lüthi Episodencharakter, klarer Bau, Eindruck des künstlich fiktiven und ein problemloses Nebeneinander von Wirklichkeit und Nichtwirklichkeit.

Innerhalb des „Potterverse"[10] gibt es keine Nichtwirklichkeit. Es gibt lediglich die „Muggle-Welt" und die „Zaubererwelt", die erst ab Band 3, „Harry Potter and the Prisoner of Azkaban", mehrheitlich interagieren. Allerdings könnte man das Nebeneinander dieser beiden Arten der Existenz für die Zwecke dieser Arbeit durchaus als analog mit Wirklichkeit und Nichtwirklichkeit sehen.

Die Harry-Potter-Serie hat eindeutig Episodencharakter: Jedes Buch erzählt im Grunde ein Abenteuer des Protagonisten. Allerdings sind sie stark untereinander verknüpft, was im Märchen nicht der Fall ist.

Der Bau der Romane ist nicht unbedingt klar: Die zahlreichen Verknüpfungen von Schicksalen bestimmter Figuren und Geschehnissen außerhalb der Schule machen Rowlings Bücher zu einer mehrsträngigen Handlung, bei der der Leser schon gelegentlich den Überblick verlieren kann. Allerdings wird am Ende jedes Bandes vieles zusammengeführt.

---

[9] André Jolles: Einfache formen. Legende/Sage/ Mythe/ Spruch/ Kasus/ Memorabile/Märchen/Witz. 2. Aufl. Halle (Saale): Niemayer 1956. S. 221f.
Corinna Cornelius: Harry Potter - geretteter Retter im Kampf gegen dunkle Mächte?. S. 17ff.
Giselle Liza  Anatol [Hrsg.]: Reading Harry Potter. Critical essays. - Westport, Conn.: Praeger 2003. S. 207.
http://www.unet.univie.ac.at/~a0406206 [Vorlesungsskript: Europäische Märchen, Prof. Niethammer, SS 2006 S. 13., 25.6. 2006, 19.40h].
Kaspar H. Spinner [Hrsg.]: Im Bann des Zauberlehrlings? Zur Faszination von Harry Potter. S. 11ff.
Max Lüthi: Das europäische Märchen. S. 1-29.
Max Lüthi: Es war einmal. vom Wesen des Volksmärchens . 2. durchges. Aufl. . - Göttingen: Vandenhoeck & Ruprecht 1964. S. 103–115.
Max Lüthi: Volksmärchen und Volkssage. S. 118-135.
[10] Von der Fangemeinde geprägter Begriff für die Realität der Bücher, in Anlehnung an „Universe".

Der Eindruck von künstlicher Fiktivität entsteht nicht: Die individuellen Figuren und ihre psychologisch nachvollziehbaren Handlungen bauen eine real-fiktive Welt auf.

Gemeinsame Merkmale europäischer Volksmärchen sind laut Lüthi folgende: Guter Ausgang als etwas, das man von den Harry-Potter-Romanen nicht mit Sicherheit sagen kann, da noch ein Band ausständig ist.

Die Ausgangslage ist eine Notlage oder ein Mangel, wie etwa Armut oder Tod der Eltern, beziehungsweise eine Aufgabe oder ein Bedürfnis. Alle diese Punkte treffen auf Harry zu: Seine Eltern sind tot und er lebt bei lieblosen Verwandten (ein Motiv auf das ich später noch zurückkommen werde). Jedes Buch ist von einer Art Aufgabe und gleichzeitig dem Bedürfnis, ein Geheimnis zu lüften oder mehr über die eigene Vergangenheit herauszufinden, geprägt. Dieser Punkt bringt die Romane auch in die Nähe des Detektivromans, wie es bereits erwähnt wurde.

Wo im Märchen die Zahlen zwei und drei wichtig sind, so sind es in der Harry-Potter-Serie sieben und zwölf.[11]

Es geht in märchenhaften Erzählungen um grundsätzliche, menschliche Verhaltensweisen und Situationen wie Intrige, Mord, Liebe, Heirat, Strafe und Belohnung. Viele dieser Dinge finden Eingang in Rowlings Werk.

Im Märchen sind alle Figuren auf den Held oder die Heldin bezogen: Sie sind Gegner, Helfer, Auftraggeber, Kontrastgestalten und verkörperte Belohnung. Sie sind nicht individuell gezeichnet, aber auch kein Typus, sondern so allgemein gehalten, dass Identifikation leicht möglich ist. Benannt sind sie meist nach Berufen oder Funktionen, selten mit einem tatsächlichen Namen. Gibt es aber einen, so ist er meist ein „Allerweltsname" wie zum Beispiel Hans. Die Figurencharakteristik ist scharf in gut oder böse und hässlich oder schön geschieden. Die Requisiten sind von eindeutig geprägter Gestalt. Dies alles konstituiert die Universalität des Märchens.

In Rowlings Büchern liegen die Dinge anders: Die Figuren sind nicht zwangsläufig auf den Helden ausgerichtet. Sie sind von ausgesprochener Individualität, sodass Interpretation nach psychologischen Gesichtspunkten durchaus möglich ist. Außerdem – wie die Figur Sirius Black formuliert – „the world isn't split into good people and Death Eaters"[12]. Im Gegenteil: Es ist oft schwer festzustellen "auf welcher Seite" einzelne Figuren stehen. Der Graubereich ist sehr ausgeprägt und „böse-anmutende" Figuren tun Gutes, sowie „gut-anmutende" Figuren schlechtes tun. Zum Beispiel tötet Draco Malfoy Albus Dumbledore im sechsten Band,

---

[11] http://www.hp-lexicon.org/essays/essay-number-twelve.html. [25.6. 2006, 18.50h].
   http://www.hp-lexicon.org/essays/essay-number-seven.html. [25.6. 2006, 19.05h].
[12] Joanne K. Rowling: Harry Potter and the Order of the Phoenix. - London: Bloomsbury 2003. S. 271.

„Harry Potter and the Half-Blood Prince" nicht, obwohl er den Auftrag und die Gelegenheit hat und sein Leben wie auch das seiner Familie riskiert, indem er es nicht tut. Und Hermine Granger erpresst die Journalistin Rita Skeeter (Kimmkorn).

Die Handlung in Märchen ist so gut wie immer einsträngig, der Stil einfach, mit Wortwiederholungen und Formeln, und von Klarheit bestimmt.

Wie bereits erwähnt begleitet der Leser in Rowlings Büchern fast durchgehend den Protagonisten und sieht durch seine Augen, obwohl es sich nicht um eine personale Erzählhaltung handelt. Die Handlung ist dennoch nicht einsträngig, da sie mit zahlreichen Schicksalen anderer Figuren verknüpft wird und es gibt - in den bisher erschienen sechs Bänden - vier Kapitel die auktorial erzählt sind und Informationen liefern, auf die Harry so nie Zugriff hätte.

Die Sprache ist zwar klar, aber vielfach mehrdeutig und mit Hinweisen beladen: Ein einzelnes Wort verweist mitunter auf den weiteren Verlauf der Handlung. Der Stil ist mit Worten wie etwa „Imperturbable Charm"[13] und Sequenzen wie „steep stone stepp after steep stone stepp"[14] nicht unbedingt als „einfach" zu charakterisieren.

Eine häufige Form des Märchens ist die Ringerzählung im Sinne des vorwärts und anschließend rückwärts Durchlaufen von Stadien. Sie enden häufig mit dem Tod oder der Erkenntnis der eigenen „Schuld". Ob die Harry-Potter-Romane eine Ringerzählung sind, lässt sich zum heutigen Zeitpunkt noch nicht eindeutig sagen. Denn, ob und wie Rowling Harry oder seinen Todfeind Voldemort zu ihren Anfängen beziehungsweise den Anfängen der Handlung zurückbringen wird, ist noch nicht feststellbar. Wenn es sich um die Selbst-Schuld drehen sollte, so wird es höchst wahrscheinlich darauf hinauslaufen, dass der dunkle Lord selbst für seine Niederlage verantwortlich ist, da er Harry „mark[ed] as his equal"[15].

An farbiger Ausgestaltung trifft man in Märchen auf Metallisches, sowie rot, weiß und schwarz. Auch Rowling hat eine gewisse Palette an Farben, die sie häufiger verwendet: rot (oft „purpel") und gold (die Farben von Harrys Haus Gryffindor), grün (die Farbe von Slytherin und die des Todesfluches) und das charakteristische „white-hot" als Beschreibung für Harrys Narbenschmerzen, die entweder auf extreme Gefühle oder die Anwesenheit des Antagonisten Voldemort hinweisen.

Interessant ist weiters, dass Märchenhelden im überwiegenden Fall weiblich sind. Was daher kommt, dass die Gewährsleute für Märchensammlungen und auch diejenigen, die Märchen an Kinder weitergeben zum Großteil Frauen sind beziehungsweise waren.

---

[13] Joanne K. Rowling: Harry Potter and the Order of the Phoenix. S. 66.
[14] Joanne K. Rowling: Harry Potter and the Half-Blood Prince. S. 704.
[15] Joanne K. Rowling: Harry Potter and the Half-Blood Prince. S. 741.

Nun ist Harry eindeutig männlich. Allerdings führt Anatol aus, dass Harrys Handlungsweisen - vor allem die mit denen er Erfolg hat - und Rowlings Raumsymbolik vielfach dem Weiblichen beziehungsweise weiblicher Symbolik zugeordnet werden kann.

Der Märchenheld ist ein Wanderer, dessen Wegbewältigung den Eindruck von Leichtigkeit erweckt. Er ist jemand, der tödliche Gefahren übersteht, sich von seinem Zuhause löst und durch Helfer sein Ziel erreicht.

Bis auf den ersten Punkt trifft auch das alles auf den Protagonisten zu: Er löst sich (gern) zunehmend von den Dursleys, aber im Verlauf der Serie auch von seinem geliebten Zuhause, nämlich Hogwarts. Wenn er am Ende von „Harry Potter and the Half-Blood Prince" den Beschluss verlauten lässt, nicht mehr zurückzukommen, so ist die Ablösung vollendet.

Sein Erreichtes, und auch sein Überleben, verdankt er zwar zum Großteil seiner Fähigkeit unter großem Druck richtig zu reagieren, aber auch Gegenständen und Figuren, die als seine Helfer fungieren. Z. B. der Karte des Rumtreibers, dem Zaubertrank Felix Felicis, dem Tarnumhang, den er von seinem Vater geerbt hat, Professor Lupin, der ihm beibringt wie man einen Patronus-Zauber ausführt und dem Phönix Fawkes, der zur rechten Zeit auftaucht und Harry so in „Harry Potter and the Chamber of Secrets" das Leben rettet. Das passt zu den Helferfiguren und magischen Gegenständen in Märchen.

Gleichsam ist der Märchenheld isoliert, da er innerhalb der Erzählung nicht gebunden ist und frei von Episode zu Episode streift. Harry ist durch seine Narbe isoliert; „a marked man."[16] Aber die Stationen, die er durchläuft sind an ihre Reihenfolge gebunden.

Zusammenfassend kann man feststellen, dass ein Großteil von Märchencharakteristika auf die Harry-Potter-Bücher zutrifft, allerdings nicht solche, die stilistische und aufbaubezogene Einfachheit einschließen.

Bisher habe ich die Romane mit dem Begriff des Volksmärchens verglichen. Allerdings spaltet sich die Gattung Märchen in Volksmärchen und Kunstmärchen.

Nach Grimmscher Definition ist das Volksmärchen etwas kollektiv Entstandenes, während das Kunstmärchen von einer Einzelperson kreiert wurde. Das Kunstmärchen orientiert sich an Bauart und Motiven des Volksmärchens, hat allerdings individuellere Figuren, stärkere Ambivalenzen, was Werte angeht, und auch nicht immer ein gutes Ende. Und sie sind deutlich länger.

All diese Dinge waren es zumeist, die ich in meinen bisherigen Ausführungen als Unterschiede zwischen „Harry Potter" und dem Märchen angeführt habe.

---

[16] Joanne K. Rowling: Harry Potter and the Order of the Phoenix. S. 754.

Somit halte ich es für durchaus legitim, Rowlings Harry-Potter-Reihe in die Gattung „modernes Kunstmärchen" einzuordnen.

## 4.3. verwandte Gattungen[17]

Auch interessant ist das Verhältnis von Rowlings Romanen zu den Brüdern und Schwestern des Märchens. Ich halte mich hierbei abermals an Lüthi:

Er legt Merkmale zur Differenzierung des Märchens von Sage, Legende, Mythos, Fabel und Schwank dar. Gemeinsam haben die fünf Gattungen, dass sie Wunderhaftes aufnehmen.

Die Sage tritt mit dem Anspruch auf, wahre Begebenheiten bzw. Begebenheiten, die im Kern wahr sein könnten, zu berichten. Sie „kreist um das Geheimnisvoll-Numinose"[18], was ihr einen unheimlicheren Beigeschmack als dem Märchen verleiht.

Den Anspruch auf Wahrheit, innerhalb der fiktionalen Realität, sowie die Vermittlung des Gefühls, dass sich rätselhafte Dinge abspielen hat auch „Harry Potter" und ist damit der Sage diesbezüglich näher als dem Märchen. Die rätselhaften Geschehnisse stehen auch dem Detektivroman nahe, wie an anderer Stelle erläutert wurde.

Bei der Legende ist das Wundersame des Märchens in das System des Glaubens eingebettet und darauf ausgerichtet. Es ist allerdings nichts Rätselhaftes, Schauriges wie in der Sage, sondern selbstverständlich wie im Märchen - eben im Kontext des Glaubens.

Wunder treten in „Harry Potter" nicht auf. Die glücklichen Fügungen, durch die Harry seine Abenteuer lebendig übersteht, stehen nicht im Zeichen des Übernatürlichen, sondern im Zeichen der Magie, die in seiner Welt normal ist. Somit besteht zwischen der Serie und der Legendendichtung kein direkter Zusammenhang.

Lüthi bestimmt den Mythos, den er als sehr schwammigen Begriff bezeichnet, als etwas, das durch Götter als Akteure geprägt ist. Auch hier besteht keine Übereinstimmung mit Rowlings Werk.

Die Fabel ist meist eine gleichnishafte Erzählung, in denen die Akteure - zumindest in der volksliterarischen Ausprägung - Tiere, Pflanzen, Dinge oder Körperteile sind. Sie ist eine Erzählung, deren Akzent auf dem Nutzen, nämlich der Belehrung liegt. Etwas das man von den Harry-Potter-Büchern kaum behaupten kann, obgleich moralische Botschaften, wie etwa Aufruf zu Toleranz, der Handlung eindeutig zu Grunde liegen.

Der Schwank berichtet gerne Unmögliches und neigt zu Parodie oder Satire. Parodie ist eines von Rowlings bevorzugten Stilmitteln, besonders in den Kapiteln, die sich in der Muggle-

---

[17] Max Lüthi: Das europäische Volksmärchen. S. 6–14.
[18] Max Lüthi: Das europäische Volksmärchen. S. 7.

Welt abspielen. Allerdings ist ihre Sprache nicht die des Schwankes und ich würde ihr Werke als parodistisch, nicht aber schwankhaft, bezeichnen.

Im Vergleich der Harry-Potter-Bücher mit dem Märchen und seinen verwanden Gattungen ergeben sich also Gemeinsamkeiten mit Märchen und Sage.

## 5. Motive in Harry Potter

### 5.1. einzigartige Motive der Autorin

„Jo[anne Rowling] is educated in the classics, she makes extensive use of many different fields in her writing, taking bits and pieces from each, combining them and making them her own. This is one of the reasons I believe that the Harry Potter series should be considered very good literature."[19]

Bei genauerer Überlegung habe ich festgestellt, dass erstaunlich wenige Motive, die die Handlung in den Harry-Potter-Romanen tragen, original von Joanne Rowling stammen. Viele ihrer Motive lassen sich einfach auf ihren Ursprung zurückführen, auch wenn sie verfremdet sind. Etwa hat die Alraune - die tatsächlich als Pflanze existiert - einen komischen Beigeschmack, wenn im Text davon die Rede ist, dass die Schüler sie umtopfen müssen und sich die Wurzeln der Pflanzen, die die Form und das Gehabe von menschlichen Babys haben, winden, beißen und kratzen. Erhalten bleibt andererseits im Kern der Glaube, dass die Alraune einen tödlichen Schrei ausstoßen kann.

Eines der Motive, die mit Sicherheit von Rowling erfunden wurden ist Quidditch, der Zauberer-Sport. Er kombiniert Elemente aus verschiedenen „Muggle[20]-Sportarten". Allerdings ist es genau deshalb zweifelhaft ihn als originär zu bezeichnen und auch sein Motivcharakter ist nicht ganz eindeutig: Denn, da sich Quidditch in seine „Muggle-Bestandteile" teilen lässt, ist es kein kleinstes Element mehr.

Die drei Motive, die ich ausgewählt habe, scheinen in Thompsons Motivindex, sowie im Handbuch des deutschen Aberglaubens nicht auf. Deshalb stelle ich im Rahmen dieser Arbeit die Behauptung auf, dass sie aus der „Zauberkiste" der Autorin stammen.

---

[19] http://www.the-leaky-cauldron.org/scribbulus/textonly.php?m=essay:211. [25.6. 2006, 19.00h].
[20] Rowlings Bezeichnung für Nicht-Magier.

## 5.1.1. Das beißende Buch[21]

Bücher haben im Volksglauben und in der Volksliteratur vielerlei Fähigkeiten und Eigenschaften: Sie verschwinden von ihrem Regal, verschwinden wenn man sie ins Wasser wirft oder können als Mordwerkzeug benutzt werden. Außerdem sind sie oft als Zauberbücher vertreten, von denen es ja auch in Hogwarts unzählige gibt.

Ein schreiendes oder gar beißendes Buch, wie das „Monsterbook of Monsters" in „Harry Potter and the Prisoner of Azkaban", gibt es außerhalb der „Harry-Potter-Serie" nicht. Es ist möglich, dass Rowling diese Eigenart aus den Pop-up-Büchern entwickelt hat, die zu jung sind um auf die Volksliteratur eingewirkt haben zu können.

## 5.1.2. Das Pensieve (Denkarium) [22]

Das Pensieve ist eine Schale, in die man Gedanken legen kann, um sie sich außerhalb des eigenen Geistes anzusehen: „A shallow stone basin lay there, with odd carvings around the edge; runes and symbols Harry did not recognise."[23]

Außerdem kann man mit seiner Hilfe buchstäblich in seine Erinnerungen eintauchen und auch andere dorthin mitnehmen. Was man im Pensieve sieht ist nicht die subjektive Erinnerung, sondern die objektive, vergangene Wirklichkeit.

Nach seiner Einführung in „Harry Potter and the Goblet of Fire" wird dieses äußerst nützliche magische Objekt in „Harry Potter and the Order of the Phoenix" von Rowling dazu benutzt Harry zu zeigen, wie falsch das Idealbild war, das er sich von seinem toten Vater geschaffen hat. Und in „Harry Potter and the Half-Blood Prince" wird es exzessiv genutzt, um den Werdegang von Voldemort zu verfolgen.

---

[21] Stith Thompson: Motif-Index of Folk-Literature. A Classification of Narrative Elements in Folktales, Ballads, Myths, Fables, Mediaeval Romances, Exempla, Fabliaux, Jest-Books, and local Legends. Revised and enlarged edition. – Copenhagen: Rosenkilde and Bagger 1956 – 1958. S. 87f (Index) [Stichworte: Book, Books].
Handwörterbuch des Deutschen Aberglaubens. Hrsg. v. Hanns Bächtold-Sträubli unter besonderer Mitwirkung von E. Hoffmann-Krayer. - Berlin und Leipzig: Walter de Gruyter & Co. 1934/35. S. 50, 409 (Register), Sp. 338, 1115f, 1688 (Bd. I), Sp. 525 (Bd III), Sp. 821f, 1212 (Bd. V), 1000, 1566 (Bd. VI), Sp. 1008 (Bd. VIII) [Stichwörter: Buch, Zauberbuch].
Joanne K. Rowling: Harry Potter and the Goblet of Fire. - London: Bloomsbury 2000. S. 15f.
[22] Stith Thompson: Motif-Index of Folk-Literature. D 11172.2. Bd. 2.
Stith Thompson: Motif-Index of Folk-Literature. D 1171.12. Bd. 2.
Stith Thompson: Motif-Index of Folk-Literature. S. 788, 790 (Index) [Stichworte: thoughts, basin, bowl].
Handwörterbuch des Deutschen Aberglaubens. S. 275, 296, 308 (Register), Sp. 424f, 448, 863 (Bd. III), Sp. 718, 1478,1642 (Bd. VII), Sp. 1155 (Bd. VIII), Sp. 396, 148ff (Bd. IX) [Stichwörter: Gedächtnis, Gedanke, Schale, Schüssel).
[23] Joanne K. Rowling: Harry Potter and the Goblet of Fire. - London: Bloomsbury 2000. S. 506.

13

Thompson führt zwar „magic bowl" und „magic basin" an, aber ein verwandtes Objekt ist damit nicht bezeichnet. Auch unter „thoughts" ist nichts passendes verzeichnet. Und genauso findet sich nichts Verwandtes im Wörterbuch des Deutschen Aberglaubens.

### 5.1.3. Floo powder[24]

Auch in Bezug auf das Pulver, das es Zauberern ermöglicht durch Kaminfeuer zu anderen Kaminfeuern und damit zu anderen Orten zu reisen, scheint nichts auf. Allerdings gibt es ein „flea powder", das Scharlatane zur „Heilung" von Patienten benutzten. Es ist in Frankreich, Indien, Indonesien, Cap Verde und in Skandinavien als solches bekannt.

Flea bedeutet Floh. Und der deutsche Übersetzer hat Floo powder mit Flohpulver übersetzt.

Ob Rowling oder Klaus Fritz das „flea powder" bekannt war und ein Zusammenhang besteht, muss dahingestellt bleiben.

Ansonsten wird Pulver in der Volksliteratur meist für Veränderungen der Gestalt verwendet. Aber hierfür hat Rowling den Zaubertrank „Polyjuice Potion".

### 5.2. Märchen-Motive

Im folgenden Abschnitt werden einige Märchen-Motive, ihre Adaption in den Harry-Potter-Romanen und ihre Verbreitung angeführt.

### 5.2.1. Antihelden[25]

Grundsätzlich ist es – zumindest in Volksmärchen – so, dass der Held häufig eigentlich ein Antiheld ist; Damit meine ich, dass er eigentlich nicht das „Potential" zum Helden hat: Er oder sie ist oft der oder die jüngste unter Geschwistern und damit innerhalb des familiären Bereichs benachteiligt, mit unter auch in Bezug auf Erbteile. Er oder sie wird manchmal schon am Anfang als dumm oder in irgendeiner Weise physisch gehandikapt beschrieben. Diese Umstände erleichtern die Identifikation mit der Hauptfigur.

---

[24] Joanne K.Rowling: Harry Potter und die Kammer des Schreckens. Aus. d. Engl. v. Klaus Fritz. - Hamburg: Carlsen 1999. S. 51.
Stith Thompson: Motif-Index of Folk-Literature. S. 599 (Index), K 1955.4, D 1246.
[Stichworte: powder, transportation].
Handwörterbuch des Deutschen Aberglaubens. S. 35, 275 (Register), Sp. 812 (Bd. III), 382f (Bd. VII)
[Stichworte: Transport, Pulver, Bewegung, Bewwegungszauber].
[25] Max Lüthi: Es war einmal. S. 110.

Die Figuren in den Harry-Potter-Büchern sind menschlich gestaltet: Sie haben Schwächen und machen Fehler. Harry wird wiederholt als schmächtig beschrieben. Er ist Brillenträger, was zwar in der heutigen Zeit fast normal ist, aber dennoch ein physischer Defekt. Zur Illustration hier ein Zitat vom Anfang des fünften Bandes:

> „He was a skinny, black-haired, bespectacled boy who had the pinched, slightly
> unhealthy look of someone who has grown a lot in a short space of time. His jeans were
> torn and dirty, his T-Shirt baggy and faded, and the soles of his trainers were peeling
> away from the uppers. Harry Potter's appearance did not endear him to the neighbours,
> who were the sort of people who thought scruffiness ought to be punishable by law
> [...]"[26]

Harry ist auch jünger als sein Cousin Dudley und da die beiden im Grunde wie Geschwister aufgewachsen sind[27] kann man die Situation durchaus als Benachteiligung des jüngeren Geschwisterkindes auffassen. Weiters ist Harry auch jünger als Ron und Hermine, was erst im sechsten Band „Harry Potter and the Half-Blood Prince" und auch am Anfang des siebten Bandes eine Rolle spielen wird, da die beiden bereits volljährig sind und somit außerhalb von Hogwarts zaubern dürfen.

Märchenfiguren sind gleichzeitig zu all ihren Benachteiligungen oft Prinzen oder Prinzessinnen, die sich - freiwillig oder auch nicht - von ihrem Hof entfernen und somit auch zu „schwachen" Figuren werden, denen das „Potential" zwar durch ihre Geburt zuteil ist, aber durch ihre Situation vorläufig dennoch nicht nutzbar. So ist auch Harry gewissermaßen ein Prinz fernab von seinem Königreich, der mit seinem elften Geburtstag „zurückkehren" kann. Wobei mit dieser Rückkehr allerdings die Geschichte beginnt, wo sie im Märchen meist endet.

Die Jahre vor der Rückkehr sind voll von psychischem Missbrauch durch seine Familie, Benachteiligung gegenüber dem „Bruder" und mit gelegentlichen Arbeitsdiensten. Diese Konstellation ist uns aus einem weit verbreiten Märchen bekannt:

---

[26] Joanne K. Rowling: Harry Potter and the Order of the Phoenix. S. 7.
[27] Harry lebt seit seinem ersten Lebensjahr bei den Dursleys.

## 5.2.2. Aschenputtel[28]

Harry Potter ist ein Aschenputtel-Typus.

Wie sie hat er seinen Namen eingebüßt: Er wird von seinen Verwandten auch in seiner Anwesenheit oft einfach „the boy"[29] genannt. Er muss Arbeiten erledigen, die sie ihrem leiblichen Sohn kaum auftragen würden, wie zum Beispiel Rasenmähen und Fensterputzen am Anfang des zweiten Bandes.[30]

Am Anfang des ersten Buches, „Harry Potter and the Philosopher's Stone", muss er im Schrank unter der Treppe schlafen – ein Äquivalent des Schlafens in der Küche vor dem Herd. (Petunia Dursley fiele es nie ein, Harry des Nachts in ihrer blank-geputzten Küche allein zu lassen.)

Im Falle von Harry wie auch Aschenputtel, dessen richtigen Namen zumindest in der Grimmschen Fassung (KHM 21[31]) nicht genannt wird, spielt die Mutter eine wesentliche Rolle bei der Rettung ihres Kindes. Bei Harry Potter findet diese vor dem Beginn der Erzählung statt und ein zweites Mal in „Harry Potter and the Goblet of Fire". Im ersten Fall lebt sie noch, im zweiten ist sie bereits tot. Jedes Mal rettet sie ihrem Sohn das Leben. Im Falle von Aschenputtel ist die Mutter bereits tot als sie ihrer Tochter dabei hilft aus ihrer Lebenssituation auszubrechen.

Es bestände die Möglichkeit KHM 21 psychologisch zu interpretieren: Die böse Stiefmutter als Teil der Mutter anzusehen und zu sagen, dass das Kind diese Spaltung dabei unterstützt ihre zwiespältigen Gefühle den leiblichen Eltern gegenüber zu verarbeiten. So wäre Dumbledore der gütige Idealvater, Voldemort und Onkel Vernon die Repräsentanten des bösen Vatertyps beziehungsweise - im Sinne des Ödipus-Komlexes - des Vaters, der vom Sohn vernichtet werden soll. Ich halte diese Interpretation im Fall von „Harry Potter" für ohne Grundlage. Vor allem da Rowlings Werk sehr deutlich auf die Erschaffung einer reellen Welt abzielt.

---

[28] Angelika Mühlbauer: Generic hybridity in the Harry Potter novels. S. 87 – 91.
Giselle Liza Anatol [Hrsg.]: Reading Harry Potter. S. 5.
http://www.unet.univie.ac.at/~a0406206 [Vorlesungsskript: Europäische Märchen, Prof. Niethammer, SS 2006 S. 4-6. 25.6. 2006, 19.10h].
Johannes Bolte und Georg Polívka: Anmerkungen zu den Kinder- und Hausmärchen der Brüder Grimm. – Leipzig: Dieterich'sche Verlagsbuchhandlung 1915.S. 165 – 188. Bd. I.

[29] Joanne K. Rowling: Harry Potter and the Philosopher's Stone. - London: Bloomsbury 1997. S. 22.

[30] Joanne K. Rowling: Harry Potter and the Chamber of Secrets. - London: Bloomsbury 1998. S. 13.

[31] Brüder Grimm: Kinder- und Hausmärchen. Ausgabe letzter Hand mit den Originalanmerkungen der Brüder Grimm. Mit einem Anhang sämtlicher, nicht in allen Auflagen veröffentlichter, Märchen und Herkunftsnachweisen herausgegeben von Heinz Rölleke. – Stuttgart: Reclam 2003. S. 137 – 145. Bd. I.

## 5.2.3. (Haus-)Elfen[32]

„[E]lves appear in the folklore of many nations, they come in all shapes and sizes. Most are said to resemble slender humans in their natural state, but they can change shape or vanish in the blink of an eye."[33]

Allen gemeinsam ist, dass sie übernatürliche Kräfte haben.

Wenn diese Wesen für Schäden verantwortlich gemacht werden, wird das im Englischen „elf shot"[34] (bei einem plötzlichen Todesfall) oder „elf marked"[35] (bei Geburtsfehlern) genannt.

Die Deutschen „Elfen" heißen Wichtel. In der Grimmschen Sammlung sind sie mit KHM 39[36] („Die Wichtelmänner") vertreten – eines der vier Märchen von den 200, das in Teile gespalten ist. Schon hier ergibt sich kein einheitliches Bild dieser Märchen-Spezies, denn in jedem der drei Teil-Märchen wird sie anders charakterisiert. Die Figurenkonstellation ist jeweils völlig anders. Gleich bleiben immer nur die Wichtelmänner. In der ersten Erzählung treten sie als Wohltäter auf, in der zweiten als Wohltäter mit einem eigenwilligen Nebeneffekt der Wohltat, und in der dritten als „Lausbuben", die einen Streich spielen.

 In Island gelten Elfen als bösartig und wurden mitunter für Krankheiten, und Alpträume verantwortlich gemacht. Auch im deutschsprachigen Gebiet wurden sie mitunter für „Alpdrücken"[37] verantwortlivch gemacht.

In "Harry Potter" kommt sowohl die große Anzahl nicht individuell dargestellter Hauselfen, die in Hogwarts arbeiten, als auch die drei Charaktere Dobby, Winky und Kreacher vor. Alle drei tragen Wesentliches zur Handlung bei. Um zwar in „Harry Potter and the Chamber of Secrets", „Harry Potter and the Goblet of Fire" und „Harry Potter and the Order of the Phoenix". Hauselfen sind gewissermaßen vererbbare Sklaven von Zaubererfamilien und Institutionen.

Verbreitet sind Elfen als helfende Hände nicht nur im Deutschsprachigen Raum, sondern auch in Irland, Dänemark, Frankreich, Großbritannien und Spanien.

Auf Kleider-Geschenke, die ihnen in Märchen häufig gemacht werden, reagieren sie sehr

---

[32] Allan Zola Kronzek and Elisabeth Kronzek: The Sorcerer's Companion. A guide to the Magical World of Harry Potter. 2nd Edition. – New York: Broadway Books 2004. S. 77f.
Johannes Bolte und Georg Polívka: Anmerkungen zu den KHM. S. 364 – 370. Bd. I.
Stith Thompson: Motif-Index of Folk-Literature. F232.3. Bd. 3.
[33] Allan Zola Kronzek and Elisabeth Kronzek: The Sorcerer's Companion. S. 77f.
[34] Allan Zola Kronzek and Elisabeth Kronzek: The Sorcerer's Companion. S. 80.
[35] Allan Zola Kronzek and Elisabeth Kronzek: The Sorcerer's Companion. S. 80.
[36] Brüder Grimm: Kinder- und Hausmärchen. S. 215-219. Bd. I.
[37] Die Vorstellung, dass schlechte Träume von einem Wesen verursacht werden, das sich dem Schlafenden auf die Brust setzt.

unterschiedlich. Ob sie erfreut sind oder nicht, das Ergebnis ist immer gleich: Sie verlassen das Haus, um zwar unabhängig von ihrer Nationalität. Auch in den Harry-Potterbüchern ist die Reaktion auf Kleidung unterschiedlich: Dobby ist hoch erfreut und erleichtert, während die meisten anderen Hauselfen, die wir kennen lernen Kleidung, die ja Entlassung bedeutet, mit Schande gleichsetzen.

Bei einer Durchsicht der Motive, die Thompson zu „Fairies and Elves"[38], anführt wird die große Bandbreite in Bezug auf diese volksliterarischen Figuren offenkundig.

Zu den Hauselfen passen zum Beispiel folgende Motive aus dem Index: übergroße Ohren (F232.3), ihre besonders starken magischen Fähigkeiten (F253.1.1) und auch hier das Weggehen nach dem Geben von Kleidung (F381.3).


5.2.4. dankbare Tote[39]

Dieses Motiv bezieht sich grundsätzlich auf den Toten, dem Essen gegeben wurde, den, dem Leichenschändung erspart geblieben ist, dem, der Kleidung erhalten hat, den, der begraben wurde oder den, dessen Tod gerächt wurde. Verbreitet ist dieses Motiv in jüdischen Erzählungen, Irland, Island Frankreich, Indien und dem Deutschsprachigen Raum. Innerhalb der KHM ist es in keinem Märchen vorhanden.

Keiner dieser Punkte wird von Rowling aufgegriffen: Einmal mehr ist hier ein Märchen-Motiv stark adaptiert. Denn in der Harry-Potter-Serie sind unter den dankbaren Helferfiguren auch einige Tote.

Tote gibt es in Rowlings Werk zur Genüge: Wir treffen auf zahlreiche Geister, Erinnerungen an Menschen, die ermordet wurden, Inferi[40] und fünf geisterähnliche „Erscheinungen", die aus Voldemorts Zauberstab kommen als er und Harry sich in „Harry Potter and the Goblet of Fire" duellieren.

Als dem Motiv des dankbaren Toten verwandt, möchte ich Moaning Myrtle, Nearly Headless Nick und drei der fünf erwähnten Erscheinungen nennen, nämlich Berta Jorkins, Frank Bryce und Cedric Diggory.

Moaning Myrtle hat eigentlich nichts wofür sie Harry dankbar sein kann, im Gegenteil: Harry, Ron und Hermine waren nicht unbedingt sehr nett zu ihr. Allerdings hilft sie Harry, in den sie sich verknallt hat, nichts desto trotz die zweite Aufgabe in „Harry Potter and the Goblet of

---

[38] Stith Thompson: Motif-Index of Folk-Literature. S.37ff. Bd. 3.
[39] Stith Thompson: Motif-Index of Folk-Literature. E 341. Bd. 2.
[40] Die Rowling-Variante von Zombies: Leichen, die durch schwarze Magie dazu gebracht werden einem Zauberer zu Diensten zu sein.

Fire" zu lösen. (Wobei man natürlich diskutieren kann, dass er es womöglich auch ohne sie geschafft hätte und die Szene hätte lediglich der Komik dient.)

Nick steht Harry mit Informationen über das Geist-werden zur Seite. Er ist Harry dankbar für dessen Besuch bei seiner Death-Day-Party in „Harry Potter and the Chamber of Secrets".

Berta Jorkins, Frank Bryce und Cedric Diggory helfen Harry, zusammen mit den beiden anderen, dabei die Zeit zu gewinnen, die er braucht um Voldemort zu entkommen. Einen Dienst erweist er ihnen insoweit als er ihnen die „Möglichkeit" zu erscheinen gegeben hat. Das ermöglich es ihnen ihrem Mörder Voldemort „eins auszuwischen" und seine offensichtliche Angst mitzubekommen: „[…]Voldemort, who looked astonished, and almost fearful […]"[41]

### 5.2.5. Riesen[42]

„Giants have an age-old reputation for mindless cruelty."[43]

Nicht anders ist es in den KHM. In dieser Sammlung sind diese Wesen in „Der junge Riese" (KHM 90[44]) und „Der Riese und der Schneider" (KHM 183[45]) vertreten.

In der Motiv-Tradition der Riesen stehen zum Beispiel die Titanen (menschliche Form und Proportionen, hässlich) und Giganten (schlangenfüßig) der griechischen Mythologie, der biblische Goliath (menschliche Proportionen) oder der gutmütige Gargantua in mittelalterlichen Volkserzählungen, den Rabelais in seinem gleichnamigen Werk verewigt hat. In Monmouths "History of the Kings of Britain" gelten Riesen als Ureinwohner Britanniens, die von Brutus vertrieben wurden. Der Hintergrund dieser Episode des pseudo-historischen Werkes ist, dass die Briten keine „echten Menschen" vertrieben haben und somit als rechtmäßige Herrscher der Insel gelten können. Dementsprechend negativ sind Monmouths Riesen charakterisiert. In Arthus-Legenden wird das fortgesetzt: Sie kidnappen Frauen und fressen Menschen. Es gehört zu Ritterabenteuern welche zu töten.

An Märchen-Erzählungen außerhalb der Grimmschen Sammlung wären zum Beispiel "Jack and the Beanstalk" und "Jack the Giant Killer" im britischen Raum zu nennen.

Thompson führt sogar einen eigenen Märchen-Typus des Riesen in seine Typologie ein, sowie Aarne zuvor die Geschichten des „stupid ogre".

---

[41] Joanne K. Rowling: Harry Potter and the Goblet of Fire. - London: Bloomsbury 2000. S. 377.
[42] Allan Zola Kronzek and Elisabeth Kronzek: The Sorcerer's Companion. S. 94fff.
[43] Allan Zola Kronzek and Elisabeth Kronzek: The Sorcerer's Companion. S. 94.
[44] Brüder Grimm: Kinder- und Hausmärchen. S. 31-39. Bd. II.
[45] Brüder Grimm: Kinder- und Hausmärchen. S.361-363. Bd. II.

Riesen haben in der Volksliteratur viele Gestalten. Sie können monsterhaft sein, mehrere Köpfe haben oder auch menschliche Gestalt, nur eben größer. Das letztere trifft auf die Riesen und Halb-Riesen in Rowlings Büchern zu. Wir haben dort Hagrid und Madame Maxime als Halb-Riesen, sowie Grawp, Hagrids Halbbruder, einen „kleinen Riesen".

Als Beispiel zitiere ich das erste Mal, dass Harry Hagrid sieht:

> „A giant of a man was standing in the doorway. His face was almost completely hidden by a long shaggy mane of hair and a wild, tangled beard, but you could make out his eyes, glinting like black beetles under all the hair. The giant squeezed his way into the hut, stooping so that his head just brushed the ceiling. [...] 'Couldn't make us a cup o'tea, could yeh? It's not been an easy journey ...' "[46]

In Punkto Intelligenz kann man anmerken, dass Hagrid sicher kein Einstein, etwas leichtgläubig und zeitweise naiv ist, aber nicht strohdumm. Madame Maxime wäre als klug zu bezeichnen. Sie ist Direktorin einer hochangesehenen französischen Zauberschule und listig genug Hagrid dazu zu bringen ihr zu zeigen, was ihre Schülerin in der ersten Aufgabe des Triwizard Tournament in „Harry Potter and the Goblet of Fire" erwartet. Grawp ist nicht besonders deutlich charakterisiert, macht aber eher einen dümmlichen Eindruck.

Hagrid ist auch in seinem Bezug zum Motiv des „giant herdsman" interessant:
„Hideous beastlike giant guards a herd of wild fighting animals. Herdsman can seize one of them in such a way as to make rest beg mercy." Dieses Motiv ist in Irland und Island zu Hause.[47]

Eigentlich passt diese Beschreibung schlecht auf Hagrid. Er käme nie auf die Idee einem seiner geliebten "Monster" (Drachen, Skrewts, Thestrals,...) etwas anzutun oder es auch nur vorzugeben. Außerdem ist die Figur nicht unbedingt tierähnlich. Er trägt einen Maulwurfsfellmantel und hat langes ungekämmtes Haar, aber das ist auch schon alles. Was vom Motiv erhalten bleibt ist der Riese als Hirte für wilde Tiere.


## 5.2.6. Seelentiere[48]


Ein Seelentier ist eine Verkörperung der menschlichen Seele in Tiergestalt, wobei es sowohl die eines Verstorbenen als auch die eines Lebenden sein kann. Die Vorstellung des Seelentieres ist verknüpft mit der des „Sympathietieres". Das ist eine Art von tierischer

---

[46] Joanne K. Rowling: Harry Potter and the Philosopher's Stone. S. 39.

[47] Stith Thompson: Motif-Index of Folk-Literature. G152. Bd. 3.

[48] Handwörterbuch des Deutschen Aberglaubens. Sp. 790f. (Bd. VIII) [Stichwort: Tier].
http://www.mugglenet.com/books/name_origins2.shtml [25.6. 2006, 19.10h].
Rosemary Ellen Guiley: The Encyclopedia of Witches and Witchcraft. – New York [u.a.]: Facts On File 1989 (= Library of Congress Cataloging-in-Publication Data). S. 121ff.

Gefährte einer Hexe oder eines Zauberers. Diese Vorstellung ist über ganz Europa verbreitet. Sympathietiere existieren als Märchenmotiv und sind auch in der Hexenverfolgung beziehungsweise in neueren Hexenkulten verbreitet. Der englische Terminus hierfür lautet „Familiar".

Seelentiere sind in der Harry-Potter-Serie in vierfacher Weise vertreten: Im so genannten Patronus-Zauber, in den Animagi, im Erscheinen einer Form von Seelenvogel und einmal in Voldemorts „Haustier", der Schlange Nagini.

Der Partonus-Zauber ist ein Schutzzauber, „a kind of Anti-Dementor – a guardian which acts as a shield between you and the Dementor"[49] (Dementoren sind dunkle magische Wesen, die sich von positiven menschlichen Emotionen ernähren, welche sie ihrem Opfer allein dadurch, dass sie anwesend sind und „atmen", aussaugen.)

Animagi sind jene Zauberer, die sich in ein bestimmtes Tier verwandeln können. Nach Aussage der Autorin besteht ein Zusammenhang zwischen einem Animagus und dem Tier, in das er/sie sich verwandelt:

> „kelly_holland: When you turn into an Animagus, can you choose what animal you become? Or does this get "assigned" to you?
>
> JK Rowling replies -> No, you can't choose. You become the animal that suits you best. Imagine the humiliation when you finally transform after years of study and find that you most closely resemble a warthog."[50]

Das Tier, in das sich ein Animagus verwandelt, ist also sozusagen sein Seelentier.

Bisher bekannt sind dem Leser Sirius Black (Hund), Peter Pettigrew (Ratte), James Potter (Hirsch), Minerva McGonagall (Katze) und Rita Skeeter (Käfer). Die von Rowling gewählten Tiere sind nicht alle „klassische" Seelentiere, allerdings reflektieren sie bei genauerem Hinsehen den jeweiligen Animagus sehr gut.

Ein Seelenvogel tauscht beim Begräbnis von Dumbledore in „Harry Potter and the Half-Blood Prince" auf:

> „Then several people screamed. Bright, white flames had erupted around Dumbledore's body and the table upon which it lay: higher and higher they rose, obscuring the body. White smoke spiralled into the air and made strange shapes: Harry thought, for one heart stopping moment, that he saw a phoenix fly joyfully into

[49] Joanne K. Rowling: Harry Potter and the Prisoner of Azkaban. S. 176.
[50] http://www.quick-quote-quill.org/articles/2004/0304-wbd.htm. [JK Rowling's World Book Day Chat, [25.6. 2006, 19.15h]].

the blue, but next second the fire had vanished. In its place was a white marble tomb, encasing Dumbledore's body and the table on which he had rested."[51]

Der Phönix war sowohl Dumbledores Haustier, und höchstwahrscheinlich Familiar, als auch seine Patronus-Form. Aber dieses Wissen wäre nicht notwendig, um diese Rauchform als einen Seelenvogel zu identifizieren, der die Seele des Verstorbenen davonträgt.

Nagini ist eine Art Haustier von Lord Voldemort. Ihr Name leitet sich höchstwahrscheinlich von indischen „Naga" ab, was „Schlange" bedeutet. Als Seelentier wird sie erst in „Harry Potter and the Halfblood Prince", vorgestellt: Der Leser erfährt in diesem Buch, dass Voldemort bei seinem Versuch Harry Potter zu töten nicht an dem abgeprallten Todesfluch gestorben ist, weil er seine Seele gespalten hat. Die „Stücke" seiner Seele hat der Zauberer in Objekten deponiert, die als „Seelenträger" sodann die Bezeichnung „Horcruxes"[52] tragen.

## 5.2.7. Seelenspaltung[53]

Die Motive unter „E. The dead" bei Thompson, haben sich im Zusammenhang mit Rowlings Werk als besonders ergiebig erwiesen: Voldemort hat seine Seele gespalten, um dem Tod ein Schnippchen zu schlagen. Hier tritt das Motiv der „external soul" oder „Unhold ohne Seele" in Kraft (E 710). Der Kern des siebten und letzten Bandes der Harry-Potte-Reihe wird das Finden und Zerstören der Horcuxes sein. Nach dessen Erscheinen könnte aus der Liste an Nummern in Thompsons Index mit Sicherheit noch einiges zu diesem Abschnitt hinzugefügt werden.

Tuczay stellt fest, dass das Motiv des „Unhold ohne Seele" in unzähligen Variationen vorhanden ist. Ihre umfassende Variantentabelle zeigt auf, dass es im deutschsprachigen Raum, in den Niederlanden, Island, Dänemark, Norwegen, Estland, Irland, Schottland, Frankreich, Portugal, Tschechien, Ungarn, Rumänien, Albanien, Jugoslawien, Russland, in der Mongolei, in China, Burma, Indonesien, Indien, Israel, Ägypten, im Libanon und bei nordamerikanischen Indianervölkern vertreten ist.

Der Antagonist kann z.B. ein Drache, eine eifersüchtige Frau, ein Dschin, ein König, ein Ungeheuer, ein großes Tier, ein Riese oder - wie im vorliegenden Fall - ein Zauberer sein.

Die Helden sind auch vielfältig: Prinzen, Prinzessinnen, jüngste Brüder, Könige und andere.

---

[51] Joanne K. Rowling: Harry Potter and the Half Blood Prince. S. 601.

[52] Diese Bezeichnung hat Rowling möglicherweise aus der Zusammensetzung des abgekürzten "hor" vom Lateinschen Nomen "horreum,", was soviel bedeutet wie Lager(haus) und dem Englischen "crux", was soviel bedeutet wie Essenz. Also Lager der Essenz, mit anderen Worten: Lager der Seele.
nach http://www.mugglenet.com/books/name_origins.shtml#H [25.6. 2006, 20.30].

[53] Christa Habiger-Tuczay: Der Unhold ohne Seele. eine motivgeschichtliche Untersuchung. – Wien: Halosar 1982. S. 3-7, 38-49, 62-69, 74-98.
Stith Thompson: Motif-Index of Folk-Literature. E 411, E 64.2. Bd. 2.

Nach Tuczay lässt sich das Motiv des „Unholds ohne Seele" grob in zwei Versionen unterteilen: Der Held, dessen Leben von einem Objekt abhängt, und der Unhold, der über eine „external soul" verfügt. Im Fall von „Harry-Potter" handelt es sich um letzteres.

Voldemort lässt sich, nach dem Tod seines Körpers, von seinem Diener Pettigrew in „Harry Potter and the Goblet of Fire" in einem Zauberkesel „wieder beleben" (E 64.2.), was aufgrund seiner „Vorsorge" möglich ist. Die Seele – beziehungsweise das Seelenstück wie im vorliegenden Fall – kann an unterschiedlichen Stellen versteckt werden, z. B. in einem Objekt, etwa einer Halskette (E71.14.) oder in einem Tier, etwa einer Schlange (E 715.15), wie in „Harry Potter and the Half-Blood Prince" beschrieben.

Natürlich ist der Unhold, darauf angewiesen, dass das „Gefäß" seiner Seele intakt bleibt. Bei dessen Zerstörung stirbt auch er (E775).

Es wäre offen für eine Diskussion, ob Voldemort, mit seinen sieben Seelenstücken als „person with more than one soul" ( E707) gelten kann.

Mit den konkreten Formen, die das Motiv meist annimmt, gibt es in den Harry-Potter-Büchern wenige bis keine Übereinstimmungen. Zum Beispiel verläuft die „plot-line" der Horcruxes – zumindest bisher – völlig unabhängig von einer Art von „Brautschau" des Protagonisten, wo hingegen in den Märchen dieses Element immer prominent ist.

Die Klärung des Seele-Begriffs ist laut Tuczay für dieses Motiv wesentlich. In der Harry-Potter-Reihe gibt es keine explizite Erklärung was genau die Seele ist. Klar ist nur, dass Seele und Geist trennbar sind. Denn Voldemorts Verstand ist trotz der sechsfachen Spaltung seiner Seele völlig intakt, nur schien er „to grow less human with the passing years"[54].

## 5.2.8. Initiation[55]

Inspirierend dafür dieses Motiv in meiner Arbeit zu analysieren war das Referat einer Kollegin innerhalb des Seminars, die sich mit Schamanismus und Initiation im Zusammenhang mit Fitchers Vogel (KHM 46[56]) auseinandergesetzt hat.

Grundsätzlich gibt es zwei Arten von Initiation: die pubertäre und die magische.

„Harry Potter" wurde bereits als Entwicklungsroman dargestellt. Die pubertäre Initiation ist ein Teil dieses Konzepts. Die pubertäre Initiation ist eine sexuelle. Dementsprechend würde ich sie innerhalb der Harry-Potter-Romane in „Harry Potter and the Goblet of Fire" mit Harrys „Crush" in Cho Chang, der „Partnersuche" für den Yule Ball und den ersten

---

[54] Joanne K. Rowling: Harry Potter and the Half-Blood Prince. S. 469.
[55] Hans Findeisen und Heino Gehrts: Die Schamanen. Jagdhelfer und Ratgeber, Seelenfahrer, Kuender und Heiler. - Köln: Diederichs 1983. S. 46-74, 82ff,137ff.
[56] Brüder Grimm: Kinder- und Hausmärchen. S. 235-239. Bd. I.

überdeutlichen Anzeichen für die starke Zuneigung von Ron und Hermine ansiedeln. Allerdings hat all das mehr mit Hormonen als mit Initionsritualen zu tun, außer eventuell der Ball.

Eine ritusartige Initiation, die nur mit Vorbehalt als pubertär zu bezeichnen wäre, sehe ich in Zusammenhang mit dem Übergang vom Jugendlichen zum Erwachsenen. In indigenen Kulturen lässt sich dieser Übergang am „Aufklären" beziehungsweise am Mitteilen der „Geheimnisse des jeweiligen Geschlechts", das in einen Ritus eingebunden ist, festmachen. In modernen Kulturen ist das Kennen der „facts of life" keinesfalls gleichzusetzen mit dem Erwachsensein oder der Anerkennung als einen Erwachsenen. Deshalb halte ich es für sinnvoll in diesem Zusammenhang eine Initiation vom jugendlichen ins erwachsene Dasein anzuführen: In den Harry-Potter-Romane findest sich in diesem Zusammenhang der Ritus der Unterweltsfahrt im Kapitel „The Cave"[57] in „Harry Potter and the Half-Blood Prince". Der Protagonist geht, begleitet von Dumbledore, dem Initiationsmeister, in eine Höhle. Dumbledore öffnet einen Torbogen mit seinem Blut und er sorgt dafür, dass die beiden am Ziel ankommen. Am Rückweg muss Harry diese Aufgaben aufgrund der Geschwächtheit des Zeremonienmeisters erledigen. Der Schlüsselsatz am Ende der Szene ist „'I'm not worried, Harry,' said Dumbledore, his voice a little stronger despite the freezing water. 'I am with you.'"[58] Die genaue Umkehrung von Harrys Aussage vor dem Beginn der „Zeremonie": „I'll be fine, I'll be with Dumbledore."[59]

Man könnte, meiner Meinung nach so weit gehen und, diese Szene als magische Initiation auslegen, da Harry von Dumbledore gezeigt bekommt, wie es möglich ist magische Geheimnis „simply by looking and touching"[60] zu ergründen. Außerdem geht er durch ein Tor, in das er als Jugendlicher hineingeht und als Erwachsener wieder herauskommt.

Die magische Initiation des Protagonisten siedele ich allerdings eher in „Harry Potter and the Philosopher's Stone" an: Er wird von Hagrid, dem Abholwesen, in die magische Einkaufsstrasse „Diagon Alley" gebracht und bekommt, im wahrsten Sinne des Wortes, eine Fahrkarte in die Zaubererwelt ausgehändigt. Mit dem Durchschreiten des Torbogens von „Platform 9 ¾" ist die Initiation beendet.

---

[57] Joanne K. Rowling: Harry Potter and the Half-Blood Prince. S. 519-540.
[58] Joanne K. Rowling: Harry Potter and the Half-Blood Prince. S. 540.
[59] Joanne K. Rowling: Harry Potter and the Half-Blood Prince. S. 516.
[60] Joanne K. Rowling: Harry Potter and the Half-Blood Prince. S. 522.

## 5.2.9. Gang in die Unterwelt[61]

Der Unterweltsbesuch gilt als eines der Motive der Weltliteratur und ist somit in fast allen Kulturen verbreitet.

Ein Gang in die Unterwelt erfolgt in „Harry Potter and the Chamber of Secrets" und „Harry Potter and the Half_blood Prince". Beide Male geht es um das Zerstören einer Horcrux. Allerdings weiß Harry (und der Leser) im zweiten Band noch nichts davon.

Einmal ist die Unterwelt durch die „Chamber of Secrets", in der ein Basilisk (also ein Drache) auf den Helden wartet, repräsentiert. Auch ein, sich verselbstständigt habender, Seelenteil Voldemorts wartet dort auf Harry, welcher versuchen will die „holde Maid" Ginny, mit der er später liiert sein wird, vor dem Ungeheuer zu retten. Das ist ein weiteres bekanntes Motiv, das an dieser Stelle nicht weiter verfolgt werden kann. Es sei nur noch erwähnt, dass der Unterweltsbesuch zum Zweck der Brautgewinnung innerhalb der Grimmschen Sammlung durch KHM 133[62] (Die zertanzten Schuhe) vertreten ist.

In „Hary Potter and the Half_Blood Prince" ist die Unterwelt eine Höhle, in der sich vermeintlich eine der Horcruxes befindet. Es handelt sich um die Höhle der Initiation, die in 5.2.6. erwähnt wurde:

> „Dumbledore was standing in the middle of the cave […] 'This is merely the ante-chamber, the entrance hall,' said Dumbledore after a moment or two. […] the blood-spattered rock within it simply vanished, leaving an opening into what seemed total darkness. […] An eerie sight met their eyes: they were standing on the edge of a great black lake, so vast that Harry could not make out the distant banks, in a cavern so high that the ceiling, too, was out of sight. [..] The darkness was somehow denser than normal darkness."[63]

Hier geht es nicht - wie im traditionellen Orpheus-Motiv - darum, eine verstorbene Seele in die Welt der Lebenden zurückzubringen. Sondern darum einen sicher verwahrten Seelenteil an die Oberfläche zu bringen, um ihn zerstören zu können und somit den „Besitzer" der Seele ein Stück näher an seinen Tod heranzurücken: Also gleichsam eine Umkehrung des Üblichen.

Voldemort ist derjenige, der jeweils Anlass zum Abstieg in die Unterwelt ist. Und beide Male erwartet er seine „Besucher" mit tödlichen „Überraschungen": einmal mit dem Basilisken, einmal mit Inferi im See und dem Gift in der Schale, die geleert werden muss, um zum

---

[61] Elisabeth Frenzel: Motive der Weltliteratur.ein Lexikon dichtungsgeschichtlicher Längsschnitte. – Stuttgart: Kröner 1976. S. 676-690.
Stith Thompson: Motif-Index of Folk-Literature. A 659.2. Bd. 1. F 92.6. Bd.3.
[62] Brüder Grimm: Kinder- und Hausmärchen. S. 217-221. Bd. II.
[63] Joanne K. Rowling: Harry Potter and the Half-Blood Prince. S. 521ff.

Seelengefäß vorzudringen. Harrys Nemesis wird somit symbolisch zum Gott der Unterwelt erhoben.

Auch das Charon-Boot fehlt nicht. Ein zu überquerendes Wasser innerhalb der Unterwelt ist häufig Bestandteil des Motivs: Da wären etwa die Styx in der griechischen Mythologie oder das große Wasser in einigen indianischen Kulturen. Bei Thompson ist im Zusammenhang mit unterirdischen Seen nur ein „lake under the earth" (A 659.2), der im Indischen verbreitet ist, angeführt.

## 6. Weiterführendes und Resümee

Die hier analysierten Motive sind nicht nach besonderen Kriterien, sondern nach meinem Interesse, gewählt. Sie ließen sich vielfach erweitern.

Zum Beispiel um Unsichtbarkeits-Hilfsmittel[64], magische Spiegel[65], körperliche Merkmale als Zeichen für besondere Fähigkeiten[66] und belebte Gegenstände[67].

Oder um den Grim[68], der in Skandinavien und Großbritannien, als Haus-Geist oder Wächter der Toten in Kirchhöfen fungiert und - ironischer Weise - Schutz vor Hexen bieten soll.

Interessant, aber hier, wegen der Notwendigkeit zu umfassenderer Analyse bewusst ausgespart, ist auch die Rolle von Magie[69] im Märchen.

Ich denke dennoch, dass meine Auswahl den Reichtum an Märchen-Motiven in Rowlings Werk und auch die gerechtfertigte Zuordnung der Harry-Potter-Romane zur Gattung Märchen zeigt.

---

[64] Allan Zola Kronzek and Elisabeth Kronzek: The Sorcerer's Companion. S. 125fff.
[65] Allan Zola Kronzek and Elisabeth Kronzek: The Sorcerer's Companion. S. 161f.
Johannes Bolte und Georg Polívka: Anmerkungen zu den KHM. S. 450-464. Bd. I.
[66] Christoph Drexler und Nikolaus Wandinger [Hrsg.]: Leben, Tod und Zauberstab: auf theologischer Spurensuche in Harry Potter. - Münster: LIT-Verlag 2004. S. 103ff.
[67] Stith Thompson: Motif-Index of Folk-Literature. E 770. Bd. 2.
[68] Allan Zola Kronzek and Elisabeth Kronzek: The Sorcerer's Companion. S. 109.
[69] Allan Zola Kronzek and Elisabeth Kronzek: The Sorcerer's Companion. S. 136.
Handwörterbuch des Deutschen Aberglaubens. Sp. 69fff (Bd. I). Sp. 817ff (Bd. V).Sp. 1398f (Bd. VI). Sp.1258ff (Bd. VIII).

# 7. Literaturverzeichnis

## 7.1. Primärliteratur

- Grimm, Brüder: Kinder- und Hausmärchen. Ausgabe letzter Hand mit den Originalanmerkungen der Brüder Grimm. Mit einem Anhang sämtlicher, nicht in allen Auflagen veröffentlichter, Märchen und Herkunftsnachweisen herausgegeben von Heinz Rölleke. - Stuttgart: Reclam 2003 (Band I, II und III).
- Rowling, Joanne K.: Harry Potter and the Philosopher`s Stone. - London: Bloomsbury 1997.
- Rowling, Joanne K.: Harry Potter and the Chamber of Secrets. - London: Bloomsbury 1998.
- Rowling, Joanne K.: Harry Potter and the Prisoner of Azkaban. - London: Bloomsbury 1999.
- Rowling, Joanne K.: Harry Potter and the Goblet of Fire. - London: Bloomsbury 2000.
- Rowling, Joanne K.: Harry Potter and the Order of the Phoenix. - London: Bloomsbury 2003.
- Rowling, Joanne K.: Harry Potter and the Half-Blood Prince. - London: Bloomsbury 2005.
- Rowling, Joanne K.: Harry Potter und die Kammer des Schreckens. Aus. d. Engl. v. Klaus Fritz. - Hamburg: Carlsen 1999.

## 7.2. Sekundärliteratur

- Aarne, A.A.: The types of the folk-tale. - oO.: o.V. 1928.

- Anatol, Giselle Liza [Hrsg.]: Reading Harry Potter. Critical essays. - Westport, Conn.: Praeger 2003.

- Bolte, Johannes und Georg Polívka: Anmerkungen zu den Kinder- und Hausmärchen der Brüder Grimm. – Leipzig: Dieterich'sche Verlagsbuchhandlung 1915. (3 Bände)

- Cornelius, Corinna: Harry Potter - geretteter Retter im Kampf gegen dunkle Mächte?. religionspädagogischer Blick auf religiöse Implikationen, archaisch-mythologische Motive und supranaturale Elemente. - Münster [u.a.]: Lit-Verlag 2003.

- Drexler, Christoph und Nikolaus Wandinger [Hrsg.]: Leben, Tod und Zauberstab: auf theologischer Spurensuche in Harry Potter. - Münster: LIT-Verlag 2004.

- Eccleshare, Julia: A guide to the Harry Potter novels / Julia Eccleshare . - London [u.a.]: Continuum 2002.

- Findeisen, Hans und Heino Gehrts: Die Schamanen. Jagdhelfer und Ratgeber, Seelenfahrer, Kuender und Heiler. - Köln: Diederichs 1983.

- Guiley, Rosemary Ellen: The Encyclopedia of Witches and Witchcraft. – New York [u.a.]: Facts On File 1989 (= Library of Congress Cataloging-in-Publication Data).
- Frenzel, Elisabeth: Motive der Weltliteratur.ein Lexikon dichtungsgeschichtlicher Längsschnitte. – Stuttgart: Kröner 1976.
- Gupta, Suman: Re-reading Harry Potter. - Basingstoke: Palgrave Macmillan 2003.
- Habiger-Tuczay, Christa: Der Unhold ohne Seele. eine motivgeschichtliche Untersuchung. – Wien: Halosar 1982.
- Handwörterbuch des Deutschen Aberglaubens. Hrsg. v. Hanns Bächtold-Sträubli unter besonderer Mitwirkung von E. Hoffmann-Krayer. - Berlin und Leipzig: Walter de Gruyter & Co. 1934/35 (= Handwörterbuch zur deutschen Volkskunde, Bände I, III, V,VI, VII,VIII, IX, Register).
- http://www.quick-quote-quill.org.
- http://www.the-leaky-cauldron.org.
- http://www.unet.univie.ac.at/~a0406206 [Vorlesungsskript: Europäische Märchen, Prof. Niethammer, SS 2006].
- Jolles, André: Einfache formen. Legende/Sage/ Mythe/ Spruch/ Kasus/ Memorabile/Märchen/Witz. 2. Aufl. – Halle (Saale): Niemayer 1956.
- Lüthi, Max: Das europäische Volksmärchen. Form und Wesen. 4. erw. Aufl. . - München: Francke 1974.
- Lüthi, Max: Es war einmal. vom Wesen des Volksmärchens . 2. durchges. Aufl. . - Göttingen: Vandenhoeck & Ruprecht 1964.
- Lüthi, Max: Volksmärchen und Volkssage. – o.O.: o.V. 1966.
- Metzler Literatur Lexikon. Begriffe und Definitionen. Günther und Irmgard Schweikle [Hrsg.]. 2. überarbeitete Aufl.. – Stuttgart: J. B. Metzlersche Verlagsbuchhandlung 1990.
- Mühlbauer, Angelika: Generic hybridity in the Harry Potter novels. - Wien, Univ., Dipl.-Arb. 2004.
- Spinner, Kaspar H. [Hrsg.]: Im Bann des Zauberlehrlings? Zur Faszination von Harry Potter. - Regensburg: Pustet 2001.
- Thompson, Stith: Motif-Index of Folk-Literature. A Classification of Narrative Elements in Folktales, Ballads, Myths, Fables, Mediaeval Romances, Exempla, Fabliaux, Jest-Books, and local Legends. Revised and enlarged edition. - Copenhagen: Rosenkilde and Bagger 1956 - 1958.

- Zola Kronzek, Allan and Elisabeth Kronzek: The Sorcerer's Companion. A guide to the Magical World of Harry Potter. 2nd Edition. – New York: Broadway Books 2004.